W0074948

Für Gerta Pappé,
um für eine schon über 40 Jahre
dauernde Freundschaft zu danken!

ISBN 3-275-01053-0

1. Auflage 1993

Copyright © by Müller Rüschlikon Verlags AG, Gewerbestraße 10,
CH-6330 Cham
Sämtliche Rechte der Speicherung, Vervielfältigung und Verbreitung sind
vorbehalten.
Satz: Franz X. Stückle, Druck und Verlag, D-77955 Ettenheim
Druck: Druckerei Uhl, D-78315 Radolfzell
Printed in Germany

Kathrin Rüegg's

Süße Einmachküche

Die besten Konfitüren und Gelees

mit farbigen Bildern von Marco Garbani Nerini

Müller Rüschlikon Verlags AG
CH-Cham / Zug

Inhaltsverzeichnis

Gelees und Marmeladen (Konfitüren)

Äpfel

Erdbeeren

Feigen

Hagebutten

Himbeeren

Ingwer

Johannisbeeren, schwarze

Spezialrezepte für Marmeladen und Gelees

Säfte und Sirupe

Heiß Einfüllen

Sterilisieren

Liköre

Kandierte Früchte

Bezugsquellennachweis

Stichwort-Verzeichnis

Die Vorgeschichte

Da saß ich – gut zwanzig Jahre sind das nun her – auf einem Berg über den Gemüsefeldern der Tessiner Magadinoebene und war sozusagen über Nacht darauf angewiesen, mich nach einem Verdienst umzusehen. Mein Onkel Arthur, der damals gerade bei mir in den Ferien weilte, kam auf die Idee, «la confiture délicieuse de la grand-maman» herzustellen und diese zu verkaufen. Die «Grand-maman» stammte aus der französischen Schweiz, und die Früchte, aus der sie diese Confiture délicieuse hergestellt hatte, waren grüne Tomaten. Zuerst verwendeten wir diejenigen aus dem eigenen Garten, dann durften wir diejenigen auf den abgeernteten Feldern der Magadinoebene holen, denn die Nachfrage war groß. Seit vielen Jahren verkaufe ich diese Spezialität, die wir «la vera marmellata del Monte Valdo» tauften, in meinem eigenen Geschäft. Ich habe Stammkunden, die sich jedes Jahr für ihren Eigenbedarf und zum Verschenken eindecken. Mit Gläsern, die sogar mit meinem Autogramm versehen sind, notabene.

Wir kochen diese und viele andere Marmeladen, Konfitüren und Gelees in meinem Hause ein. So wie jede gute Hausfrau es macht. Keine großen Kochkessel, keine automatischen Abfüllvorrichtungen. Alles von Hand in kleinen Mengen. Hausfrauenart eben. Es soll mir niemand sagen, daß man das nicht merkt, spürt, riecht.

Und immer wieder kommen Kunden zu mir, die mich nach den Rezepten meiner Konfitüren fragen. Ich gebe sie bereitwillig, weil ich es schade finde für jedes Rezept, das – geheimgehalten – irgendwann verloren geht. Dasjenige der «vera marmellata» ist immer noch genau dasselbe, das mir Onkel Arthur verraten hat. Viele andere in diesem Büchlein sind Eigenkreationen, Kombinationen traditioneller Rezepte, hergestellt mit den heutigen Materialien und basierend auf der modernen Ernährungslehre. Die «Theorie», die Warenkunde habe ich für diejenigen so ausführlich gehalten, die es lockt, ebenfalls «eigene» Konfitüren zu erfinden. Solches Grundwissen braucht es, um aroma- und vitaminschonend einzukochen – aber so, daß das Eingekochte auch hält.

Es ist schön, die Möglichkeit zu haben, meinen beiden Backbüchern «Brotbacken» und «Guetzlibacken» nun die «Süße Einmachküche» zuzufügen. Irgendwie sind wir Hausfrauen doch über alle Grenzen vereint im

Bestreben, unseren Lieben etwas Gutes, Gesundes vorzusetzen. Daß das auch noch Spaß macht und uns Komplimente einbringt: mehr kann man sich von einer Arbeit ja nicht wünschen!

Herzlich

Katarin Ruegg

Jetzt geht's ans Eingemachte!

Die Einmachlust überkommt mich regelmäßig, wenn die ersten Früchte reif sind. Es ist eine uralte Hausfrauenleidenschaft, wie ein Eichhörnchen etwas zu horten. Höhepunkt davon ist es dann, die gefüllten Regale zu betrachten. Lohn der Arbeit: an Weihnachten Gläser und Flaschen von Marmeladen, Konfitüren, Gelees, Sirup und Kompott verschenken oder gleich zu öffnen, denen der Duft gartenfrischer Früchte entströmt.

Daß ich damit meinen Körper mit natürlichen Vitaminen versehe, ist eine angenehme Nebenerscheinung. Auch daß ich weiß, was in meiner Konfitüre, in meinem Kompott ist und – einmal mehr – was bestimmt *nicht* darin ist, gehört zum Lohn dieser Hausfrauenarbeit, die für mich keine Arbeit, sondern reines Vergnügen ist.

Vorerst: Was kann ich süß einmachen? *Konfitüren* (aus ganzen oder kleingeschnittenen Früchten und Beeren), *Marmeladen* (aus zu Mus zerdrückten Früchten und Beeren), *Gelee* (aus dem Saft von Früchten und Beeren), alle drei Arten als Brotaufstrich oder als Beilage zu Fleischgerichten. Alle drei Arten müssen von dicklicher Konsistenz sein.

Kompotte aus ganzen oder zerkleinerten Früchten und Beeren mit flüssigem Saft. Für Desserts, eventuell zum Verfeinern von Eiscreme, oder verfeinert mit geschlagenem oder ungeschlagenem Rahm, mit Vanillesauce.

Sirupe als Durststiller oder für medizinische Zwecke (Hustensirup), meist mit kaltem oder heißem Wasser zu verdünnen. *Kandierte Früchte* als Ergänzung zu Pralines oder zum Verzieren von Kuchen und Torten.

Die süße Einmach-Theorie

«Einmachen» heißt «Verderbliches haltbar machen, ohne Vitamine und Aromen zu zerstören» oder «Früchte und Beeren vor Schimmelbildung und Gärung bewahren, durch Zusatz von Zucker und Säure bestimmte Aromen geschmacklich zu verfeinern und gleichzeitig in eine bestimmte Konsistenz zu versetzen.»

Früchte

Bei jedem Konservierungsvorgang ist es wichtig, das Einmachgut vor Bakterienbefall zu schützen.

1. Ernten: nie bei feuchtem Wetter oder bei zu großer Hitze
2. umgehendes Verarbeiten. Also nie mehr ernten oder einkaufen, als man noch am gleichen Tag verarbeiten kann (oder zur späteren Konservierung sofort tiefkühlen).
3. Waschen. Da achtet man darauf, daß das Wasser den Saft der Früchte möglichst nicht ausschwemmen kann. Empfindliche Beeren, die man selbst gepflückt hat, braucht man überhaupt nicht zu waschen. Gekaufte spült man unter einer zarten Brause ab, unmittelbar bevor man sie in den Kochtopf gibt.
4. Putzen immer erst nach dem Waschen, (z. B. schälen, entsteinen, entstielen).

Die Früchte sollen reif, aber nicht vollreif sein (Ausnahme: unreifes Fallobst für Apfelgelee, unreife Stachelbeeren). Bei zunehmendem Reifegrad geht der Pektingehalt und damit die Gelierfähigkeit der Früchte zurück. Wiederum: je rascher sie nach der Ernte verarbeitet, resp. tiefgekühlt werden, desto schmackhafter und haltbarer sind sie. Faulige Teile müssen großzügig weggeschnitten werden.

Die Tiefkühlung macht es in der modernen Einmachküche möglich, Früchte verschiedener Jahreszeiten miteinander zu kombinieren. Die erste Kreation einer Früchte-Kombination war vermutlich die Erdbeer-Rhabarber-Konfitüre: der letzte (saure) Rhabarber und die ersten (süßen) Erdbeeren. Das Prinzip der süß/sauer-Kombinationen behalte ich eigentlich immer bei. Erstens ergibt das geschmacklich immer befriedigende Resultate, zweitens hilft Säure in vielen Fällen, die schöne Farbe einer Frucht (z. B. Erdbeeren) besser zu erhalten, und drittens geliert pektinarmes (meist süßes) Fruchtgut bei Zusatz von Säure besser.

Die zuerst reifen Früchte werden eventuell gewaschen, sauber gerüstet, abgewogen und tiefgekühlt. Beeren friert man am besten auf einem Kuchenblech ein und füllt sie erst nachher in Tiefkühlsäcke. So sind sie rieselfähig und können in beliebigen Portionen verbraucht werden. Tiefgekühlte Früchte werden in tiefgekühltem Zustand zu den frischen Früchten, mit denen man sie kombinieren will, gegeben.

Süßmittel

Das in Europa für die süße Einmachküche am meisten verwendete Süßmittel ist der *raffinierte Zucker* aus Zuckerrüben. Er ist relativ billig, schmilzt leicht, ist farblos und hat – außer daß er das Einmachgut süßt – keinen Eigengeschmack. Je mehr Zucker wir den zu konservierenden Früchten beigeben, desto besser sind sie haltbar. Wunderbarerweise ist es nämlich so eingerichtet, daß Zucker nicht nur süßt, sondern auch konserviert. Nachstehend bewährte Faustregeln betreffend das Verhältnis Zucker zu Frucht. *Weniger* Zucker und *mehr* Fruchtanteil beschränkt die Haltbarkeit.

«Raffinierte» Lebensmittel sind sozusagen blitzblank gereinigt. In unserm Fall heißt das, dieser Zucker enthält keine «Verunreinigungen» mehr, die z.T. aber eben aus lebenswichtigen Mineralien bestehen. Modernes Gesundheitsbewußtsein gebietet deshalb die Verwendung von *Rohzucker* oder *Vollzucker.* Sie haben aber einen Eigengeschmack und färben die Konfitüre! Außerdem ist Rohzucker hygroskopisch, d.h. er zieht Wasser an und kann zu einem harten Klumpen werden. Ich halte es in meinem Haushalt so, daß wir werktags Brot aus Vollkornmehl mit Marmelade aus Vollzucker essen, unser Sonntagszopf aber aus raffiniertem (Weiß-)Mehl gebacken, die Konfitüre dazu aus raffiniertem Zucker hergestellt ist. Solches Brot und solche Konfitüre rechne ich zu den Schlemmereien, aber betrachte sie nicht als Nahrungsmittel für den täglichen Gebrauch. Mit diesem Kompromiß läßt sich ganz gut leben ...

Ein weiterer Süßstoff ist der *Birnendicksaft,* d.h. zu Honigkonsistenz eingekochter Birnensaft ohne jeden Zusatz. Auch hier: ihn für die Zubereitung einer Konfitüre aus Früchten mit zartem Aroma zu verwenden, finde ich schade. Mit etwas deftigeren Früchten können sich aber – sowohl mit Rohzucker als mit Birnendicksaft – sehr interessante Geschmackskombinationen ergeben. (Siehe Rezepte Seiten 38, 42, 54, 60, 69.)

Früher wurde der Birnendicksaft als eigenständiger Brotaufstrich verwendet: man kochte einfach frischen Birnensaft (ohne Wasser- oder Zuckerzugabe) zu Honig-Konsistenz ein. 10 – 12 l frischen Saft braucht es, um 1 l Honig zu gewinnen! Wer die Arbeit nicht scheut: sie lohnt sich!
Fruchtzucker kommt in Obst, einigen Gemüsen und Honig vor. Er süßt stärker als Zuckerrüben-Zucker und wird vor allem zum Süßen von Speisen für Diabetiker verwendet. Er ist zum Einkochen geeignet – aber man lasse sich nicht dazu verleiten, die Empfehlungen des Arztes zu mißachten! Fruchtzucker ist ebenfalls stark hygroskopisch.

Honig
Unser ältester Süß- (und Konservierungs-)Stoff ist der Bienenhonig. Man kann ihn natürlich auch zur Herstellung von Konfitüren und Kompott verwenden, wenn einem der Vitaminverlust auch leid tut, weil Honig ja erhitzt werden muß (Vitamin C erträgt nicht mehr als 45° C). Die Kombination von Honig- und Fruchtaroma kann sehr apart sein (siehe z. B. Kernobstkompott, Seite 78).

Zucker-Austauschstoffe (Diätzucker)
Mit Sorbit kann man in Verbindung mit Zitronensäure Konfitüren machen. Ich gebe aber einer anderen Art von Konfitüren ohne natürlichen Zucker den Vorzug:

Konfitüren für Diabetiker
Erlesen schöne Früchte ganz fein pürieren und in möglichst kleine Konfitürengläser mit Schraubdeckel abfüllen. Im Tiefkühler aufbewahren (keine Angst, die Gläser springen nicht). Nach Bedarf auftauen, mit Zucker-Austauschstoff vermengen, im Kühlschrank aufbewahren, rasch konsumieren.

Konfitüren ohne Zucker- und Geliermittel-Beigabe
Diese lassen sich im Prinzip mit jeder süßen Frucht oder Beere herstellen. Den Birnenhonig habe ich bereits erwähnt. Am bekanntesten sind Zwetschgen- und Kirschmus, d. h. die Früchte werden zerkleinert und ohne jede weitere Zutat so lange gekocht, bis das Mus im Klumpen vom Kochlöffel fällt. Das bedingt stundenlanges, ununterbrochenes Rühren. Wehe, wenn es anbrennt – und es kann leicht anbrennen! Das Ganze ergibt einen undefinierbaren, braunen Brotaufstrich, dessen Vitamine und Aromen – drastisch gesagt – zu Tode gekocht worden sind.

Gelierhilfen

Wie alles Neue waren Geliermittel bis vor etwa einem Jahrzehnt bei guten Hausfrauen eher verpönt. Man machte sich eine Ehre daraus, nur Zucker zu verwenden. Daß die dadurch bedingten langen oder zumindest längeren Kochzeiten Aromen verändern und die Vitamine zerstören, war nebensächlich. Geliermittel helfen aber nicht nur aroma- und vitaminschonend einzukochen. Sie vermindern einerseits die Kochzeit (d. h. sie brauchen weniger Energie) und sparen damit auch Arbeitszeit. Beträchtliche Vorteile also. Aber was sind denn eigentlich diese Gelierhilfen? Irgendwelches chemisches Zeug doch?

Gelierzucker

Ich zitiere aus einem Brief der Zuckerfabrik und Raffinerie Aarberg vom 2. Dezember 1992:
«Aarberger Gelierzucker ist eine Mischung aus weißem Kristallzucker, Apfelpektin und reiner Zitronensäure. Er wird für die Herstellung von Konfitüren und Gelees verwendet. Seine besonderen Vorteile sind: natürliche Konservierungsmethode ohne chemische Zusatzstoffe, kurze Kochzeit, keine Veränderung von Farbe und Aroma der Früchte, einfache Anwendung, sicherer Erfolg.»

Geliermittel

Da gibt es ganz verschiedene Hersteller. Ein Tütchen genügt in der Regel für 750 g – 1 kg Früchte. Ihr Inhalt: ebenfalls Pektin oder Johannisbrotkernmehl, also natürliche pflanzliche Stoffe und Zitronen- oder Weinsteinsäure. Ihr Vorteil: sie lassen sich dort anwenden, wo man mit Vollzucker oder mit besonders schlecht gelierenden Früchten arbeitet. Am liebsten benutze ich Unigel, das in der Schweiz und in Deutschland in vielen Reformhäusern erhältlich ist. Wo nicht: siehe Bezugsquellennachweis auf der letzten Seite. Unigel ist nicht nur in 30 g-Tütchen, sondern auch in 500 g-Packungen erhältlich. Soviel braucht man in einer Saison auch in einem kleinen Haushalt. Wichtig ist bloß eine grammgenaue Waage.
Eine Regel muß man wissen: Pektin quillt in säurehaltiger, möglichst heißer Flüssigkeit auf. Deshalb der Zusatz von Zitronen- oder Weinsteinsäure, deshalb die Vorschrift, die Konfitüre *sprudelnd* zu kochen. Was man aber genau gleich befolgen muß, ist die *Kochzeit*. Mehr als allerhöchstens zehn Minuten darf man Gelierzucker oder Geliermittel = Pektin nicht kochen lassen. Es verflüssigt sich sonst wieder. Auch wenn für die

einzelnen Fruchtsorten die Kochzeiten auf den Packungen der Geliermittel angegeben sind: die Gelierprobe muß unbedingt gemacht werden.

Agar-Agar
Ein weiteres Geliermittel, aus Meeralgen hergestellt, ist Agar-Agar. Der Vollständigkeit halber habe ich auch solche Rezepte hier aufgenommen. Vorteile des Einkochens mit Agar-Agar: diese Substanz hilft bei Verstopfung. Nachteil: der leichte Medizingeschmack. Agar-Agar ist in Apotheken erhältlich.

Gelierprobe
Während der Einkochzeit hat man ein paar möglichst kleine Teller oder Deckel von Einmachgläsern im Tiefkühlschrank. Man gibt einen Tropfen des Einkochgutes auf einen solchen kalten Teller und hält ihn schräg. Bleibt der Tropfe fest, so kann die Konfitüre abgeschäumt und sofort eingefüllt werden. Das Abschäumen geschieht am besten mit einem großen Löffel. Konfitürenschaum kann als Joghurtzusatz oder als bald zu konsumierender Brotaufstrich verwendet werden.

Ein weiterer wichtiger Punkt: Geliermittel – falls nichts anderes auf der Packung vermerkt ist – *vor* der Zugabe zum Kochgut ganz gründlich mit dem Zucker mischen.

Gläser während des Abkühlens *nicht* bewegen!

Hiiilfe: was mache ich falsch?

Prinzipiell:

Nicht mehr als allerhöchstens zwei Kilogramm Früchte auf einmal verarbeiten. Schlecht gelierende Früchte werden fester, wenn man ganz kleine Mengen (1/2 l Saft + 300 – 500 g Zucker) auf einmal verarbeitet. Säure hilft gelieren!
Auch während des Kochvorganges kann noch Zitronensaft zugegeben werden.

Die Konfitüre/das Gelee ist zu flüssig:

Haben Sie die Gelierprobe (siehe Seite 19) gemacht? Falls diese gut war, die Konfitüre Ihnen aber immer noch zu dünn scheint: die endgültige Konsistenz wird meist erst nach zwei bis drei Tagen erreicht. Gläser während der Abkühl-Phase **nicht** bewegen!

Gelagerte Konfitüre oder Gelee ist zu dünn:

Pro 500 g-Glas ein Blatt Gelatine in etwas lauwarmes Wasser einweichen, ausdrücken und mit der erwärmten Konfitüre verrühren. Erkalten lassen. So behandelt, ist die Konfitüre zum sofortigen Gebrauch bestimmt. Einige Tage im Kühlschrank haltbar.

Gelagerte Konfitüre ist zu fest:

Glas ins warme Wasser stellen, die Konfitüre herausnehmen, mit etwas warmem Wasser vermengen. Sofort verwenden. Einige Tage im Kühlschrank haltbar.

Die Konfitüre ist während des Kochens angebrannt:

Ohne den verbrannten Belag zu berühren, in einen anderen Kochtopf umschütten. Fertig kochen – aber fleißiger rühren. Den Kochtopf mit dem angebrannten Kochgut mit kaltem Wasser füllen. Über Nacht stehen lassen. Läßt sich der verbrannte Belag immer noch nicht wegkratzen, eine feine Lage von Geschirrspülmittel (am besten dasjenige für Geschirrwaschmaschinen) darüber streuen. Wenig kochendes Wasser dazu geben. Nochmals stehen lassen.

Die Konfitüre, das Gelee, das Kompott ist schimmelig geworden:

Mit wenig Zucker eingekochtes Einmachgut muß meist weggeworfen werden. Beim «normal» eingekochten genügt es, den Schimmelbelag großzügig zu entfernen. In allen Fällen: die Geschmacks- und Geruchsprüfung entscheidet.

Prinzipiell: alle angebrochenen Konfitüren und Sirupe gehören in den Kühlschrank und sollten innert 14 Tagen aufgebraucht werden.

Sterilisieren

Das Sterilisieren scheint mir – sehr zu Unrecht – aus der Mode gekommen zu sein. Vielleicht deshalb, weil in der modernen Küche zu wenig Platz für einen Sterilisiertopf vorhanden ist. Man kann sich aber mit Kochherden – besonders wenn sie das Einstellen der Temperatur des Backofens in Graden erlauben – bestens behelfen. Man stellt die zu sterilisierenden Gläser mit einem fingerbreiten Abstand in einer Auflaufform in kaltem oder heißem (falls die Gläser heiß abgefüllt worden sind) Wasser in den Backofen. In Umluft-Backöfen auch zweistöckig. Die Sterilisierzeit wird gemessen von dem Zeitpunkt an, wo die Aufheiz-Kontrollampe erlischt. In der italienischen Küche werden auch Konfitüren pasteurisiert oder sterilisiert, ein Verfahren, das sich unbedingt lohnt (siehe Kastanien-Marmelade).

Aromastoffe

Alkohol

Zugabe von *Spirituosen* kann die Süße bestimmter Marmeladen «brechen» (z. B. Cognac bei der Rüebli-Konfitüre, Whisky bei Quittenkonfitüre). Konfitüren mit Alkohol sollten die große Ausnahme sein und sind für Kinder strikt tabu. Als «Männergeschenk» eignen sie sich dagegen vorzüglich. Es empfiehlt sich, die Zugabe von «harten» Spirituosen auf der Etikette zu vermerken. Die Zugabe von herbem Weiß- (Quittengelee) oder Rotwein (Zwetschgenkonfitüre) ersetzt den säurehaltigen Zitronensaft. In Rezepten mit Weinzutaten läßt sich der Wein durch Zitronensaft ersetzen (1/4 der angegebenen Weinmenge).

Nicht vergessen: Alkohol konserviert!

Gewürze

Vor allem finden die orientalischen Gewürze in der süßen Einmachküche Verwendung. Bei Gelees vor allem ziehe ich die Verwendung der entsprechenden Öle (Kardamom-, Koriander-, Nelken-, Zimtöl) vor. Das Gelee wird dann nicht durch die pulverisierten Gewürze unklar. In meinem Küchenschrank steht eine ganze Duftbar von Gewürzölen. Auch ist das Aroma der einzelnen Substanzen im Öl meist noch ausgeprägter. Wichtig ist eine ganz, ganz vorsichtige Dosierung in wenigen Tropfen. Man sollte das Gewürz erraten müssen. Auch einige einheimische Gewürze sind in Ölform erhältlich (Basilikum, Anis, Pfefferminze, Zitronenmelisse). Hier wiederum ziehe ich das gartenfrische Produkt vor. Apfelgelee mit feingeschnittenen Basilikum- oder Pfefferminzblättern sieht appetitlich und sehr interessant aus.

Schalen von Zitrusfrüchten

Da ist immer die leidige Frage nach der Schädlichkeit der entsprechenden Spritzmittel. Nach neuesten Auskünften eines Südfrucht-Importeurs müssen schädliche Spritzmittel auf den Kisten der entsprechenden Früchte deklariert sein. Aber wo erhalte ich schon Orangen und Zitronen in den Originalkisten angeboten?

Mein Kompromiß:

Ist in einem Rezept die Verwendung *einer* Zitronenschale angegeben, benutze ich eine normale Frucht. Brauche ich aber viele solcher Schalen (z.B. zum Kandieren), dann kaufe ich die Früchte im Reformhaus. Zum Würzen von Konfitüren eignen sich auch Zitronen-, Orangen- und Grapefruitöl vorzüglich. Diese Öle werden in der Nähe von Plantagen von ganzen, vollreifen Früchten aus Fruchtfleisch und Schale gewonnen.
Vooorsichtig dosieren!

Meine Arbeitsgeräte

Vorbei – bei den allermeisten wenigstens – die Zeiten, wo man Konfitüre im Waschhafen einkochte. Vorbei auch diejenigen, wo man je nach Frucht- oder Beerenart darauf zu achten hatte, ob der Kochtopf aus Messing oder Kupfer sei. Vorbei auch die Notwendigkeit genauer Kenntnisse über das Verhalten des Zuckers, ob man ihn – je nach Rezept – läutern, zum Breitlauf, zum Faden, zum Flug oder zur Kugel kochen mußte. Die moderne Art des Einkochens ist viel einfacher geworden dank vielseitigeren Materialien der Geräte einerseits, der Zucker-, Gelier- und Aromastoffe andererseits. Von letzteren war in der Warenkunde die Rede.

Bei den Arbeitsgeräten ist *ein* Nachteil immer noch vorhanden: sie brauchen Platz, der in den modernen Wohnungen ja immer knapper wird. Falls man sich fürs Einkochen Extra-Kochtöpfe beschaffen muß, achtet man darauf, daß sie sich ineinander stellen lassen.

Ich habe:

1 Löchersieb
1 Kochtopf aus Chromstahl mit 5 l Inhalt
1 Kochtopf aus Chromstahl mit 4 l Inhalt
1 Dampfentsafter (empfehlenswert ab vierköpfiger Familie).
   Ersatz: «Filtrierstuhl» = umgekehrter Küchenhocker und Gazetuch.
   Darunter eine runde, tiefe Schüssel.
1 Satz runde Schüsseln, die ich auch zum Backen brauche
1 Zitruspresse
1 Stab- und 1 Bechermixer
1 Schneidebrett, das nie für Zwiebeln gebraucht wird
   scharfe Rüstmesser verschiedener Größen
1 Schälmesser
1 Bircher- und 1 Röstiraffel oder
1 Küchenmaschine zum Raffeln
1 Filtertuch aus Käseleinen
1 langstieliger Rührlöffel aus Holz, den ich nur für das Kochen von
   Konfitüre brauche
1 Schöpfkelle aus Chromstahl
1 Haarsieb
   verschiedene Trichter für verschiedene Gläsergrößen
1 grammgenaue Küchenwaage
1 Küchenwecker

Gläser und Flaschen

Beim Abfüllen ergibt sich zwar eine Mehrarbeit, aber trotzdem: je kleiner Konfitürengläser und Sirupflaschen sind, desto mehr kommt das unserer heutigen Art des Wirtschaftens entgegen. Falls der Inhalt der Gläser verdirbt, ist die verdorbene Menge klein. Kleine Gläser sind rascher aufgezehrt, also können wir die Arten der Konfitüren, die wir auf den täglichen Tisch stellen, besser variieren. Ich verwende heute eigentlich nur noch 350 ml Gläser mit Schraubdeckel für Konfitüren und Kompott, Flaschen mit Bügelverschluß und Gummi-Zwischenring, mit ebenfalls 350 ml Inhalt, für Sirupe und Liköre. Diese Verpackungen können zwar immer wieder gebraucht werden, wichtig ist aber bei mehrmaligem Gebrauch, daß man nicht Süßes in Gläser abfüllt, in denen vorher Saures aufbewahrt wurde. Quittengelee, das nach Essiggurken riecht, ist nicht mein Fall! Die Schraubdeckel dürfen auf der Innenseite keine Beschädigungen aufweisen und bedürfen ebenfalls der Nasenkontrolle bezüglich eines früheren sauren Inhalts.

In vielen älteren Rezeptbüchern liest man die Vorschrift, daß an die Gläser beim Heiß-Einfüllen auf ein Tuch stellen und noch einen Löffel hineingeben soll. Diese Vorsichtsmaßnahme ist bei den heutigen Glasqualitäten absolut überflüssig, wenn die Gläser in wirklich heißem Wasser ausgespült worden sind.

Wichtig: heiß ausgespülte Gläser und Flaschen innen nicht abtrocknen. Damit würde man sie wieder verunreinigen. Ein praktischer Wink, falls man viel Einmachgut auf einmal verarbeitet: die Geschirrwaschmaschine für eine Ladung Gläser und Flaschen benützen (Filter zuerst reinigen). Die Türe der Maschine geschlossen halten, damit die Gläser heiß bleiben.

Und *noch* ein Wink: die mit gut aufgeschraubtem Deckel verschlossenen Gläser lasse ich auf den Kopf gestellt abkühlen. So bildet sich ein noch besseres Vakuum. Gelee sollte möglichst nicht bewegt werden, bis es fest geworden ist. Sofortiges Etikettieren ist Ehrensache! Heute gibt es meist Etiketten, die sich sehr schlecht von den Gläsern wieder lösen lassen. Am besten geht es, wenn man das Glas, von dem man die Etikette entfernen will, mit kochend heißem Wasser füllt, einige Zeit stehen läßt und die Etikette dann abkratzt. Weshalb es die leicht ablösbaren Etiketten nicht mehr gibt, ist ein offenbar unlösbares Geheimnis ...

Lagerung

Einmachgut muß kühl, möglichst dunkel und vor allem trocken gelagert werden. Gelegentliche Kontrolle hilft Verluste vermeiden.

1/2 Apfelmarmelade/ Exotik-Konfitüre

Grundrezept

Hierfür kann man entweder das von der Gelee-Zubereitung zurückgeblie-
bene Fruchtmark oder aber Äpfel verwenden, die nicht gut lagerfähig
sind. Das erstere streicht man in kleinen Portionen durch das Passe-vite
(flotte Lotte) und entfernt die im Sieb zurückgebliebenen Schalen- und
Kerngehäuse-Reste.
Letztere wäscht und schält man, viertelt sie, entfernt das Kerngehäuse
und schneidet die Schnitze in Stücke. Man setzt sie zur Hälfte mit Wasser
bedeckt auf und kocht sie weich (ca. 15 Minuten).

Exotik-Konfitüre

3 Zitronen	gut waschen, mitsamt der Schale in feine Scheiben schneiden. Mit
1/4 l Wasser	ca. 20 Min. kochen. Vermengen mit
1,5 kg Apfelmark	Alles im Kochtopf mit dem Stabmixer fein purieren.
1,5 kg Gelierzucker	
2 EL geraffelten Ingwer	beigeben. Ca. 5 Min. sprudelnd kochen. Achtung: ständig rühren, brennt leicht an! Gelierprobe machen (siehe Seite 19). In heiß ausgespülte Gläser füllen. Mit
2 EL Rum	die Gläserdeckel ausspülen. Die Gläser damit sofort verschließen. Auf dem Kopf stehend auskühlen lassen.

Notizen

3 Apfelgelee

Wenn man aus dem Fallobst, das jedes Jahr unter unsern Apfelbäumen verfault, Gelee oder Konfitüre kochen würde, ich glaube, die ganze Menschheit könnte während ein paar Wochen damit Brot bestreichen! Was beim Kürbis als gute Eigenschaft gilt für die Herstellung von Marmelade, nämlich der bescheidene Eigengeschmack, das trifft beim Apfel zu für Gelee. Dazu kommt, daß Fallobst, also unreife Äpfel, einen sehr hohen Anteil an Pektin hat (im Thurgau, da wo in der Schweiz die größten Apfelkulturen stehen, ist auch der Ort, wo aus Mostereiabfällen Geliermittel = Pektin gewonnen wird). Viel Pektin der Frucht erlaubt die Herstellung von Gelee ohne Zusatz von Geliermitteln.

Das Grundrezept:
Man entfernt vom Fallobst die angefaulten Stellen großzügig (Kernhaus und Schale belassen!) und schneidet es in gleichmäßig große Stücke. Diese knapp mit Wasser bedecken und weich kochen. Durch ein Tuch abseihen. Will man klares Gelee, so darf man das Tuch nicht ausdrücken.

	1 kleinen Teller ins Kühlfach stellen für die Gelierprobe (siehe Seite 19).
1 l Apfelsaft	vermengen mit
1 kg Zucker	und
Saft von 2 Zitronen	kochen bis zur Gelierprobe.
50 g Basilikum- oder	
Pfefferminzblätter	fein gehackt dazugeben. Nochmals 2 Min. kochen. Gelierprobe! In heiß ausgespülte Gläser füllen. Mit
2 EL Rum	die Gläserdeckel ausspülen. Die Gläser damit sofort verschließen. Auf den Kopf gestellt auskühlen lassen.

Notizen

4 Caramel-Marmelade mit Äpfeln

500 g Zucker

karamelisieren.
Kochtopf mit Caramel vom Feuer nehmen.

800 g Apfelmark oder
Scheibchen von ge-
schälten Äpfeln,
Saft von 2 Orangen,
1 Gewürznelke

beigeben. Achtung: das kann spritzen. Koch-
löffel mit langem Stiel verwenden!
Wieder aufs Feuer setzen, ca. 15 Min.
kochen. Rühren! Gelierprobe machen (siehe
Seite 19). In heiß ausgespülte Gläser füllen.
Mit

2 EL Rum

die Gläserdeckel ausspülen. Die Gläser
damit sofort verschließen. Auf dem Kopf
stehend auskühlen lassen!

Notizen

5 Apfelgelee mit Rosinen in Rum

(siehe Grundrezept Apfelgelee)

50 g Rosinen	mit
2 EL Rum	übergießen. Stehen lassen, bis das Apfelgelee zubereitet ist.
	Beigeben. Gut vermengen.
	In heiß ausgespülte Gläser füllen.
	Mit
2 EL Rum	die Gläserdeckel ausspülen. Die Gläser damit sofort verschließen. Auf den Kopf gestellt auskühlen lassen.

Notizen

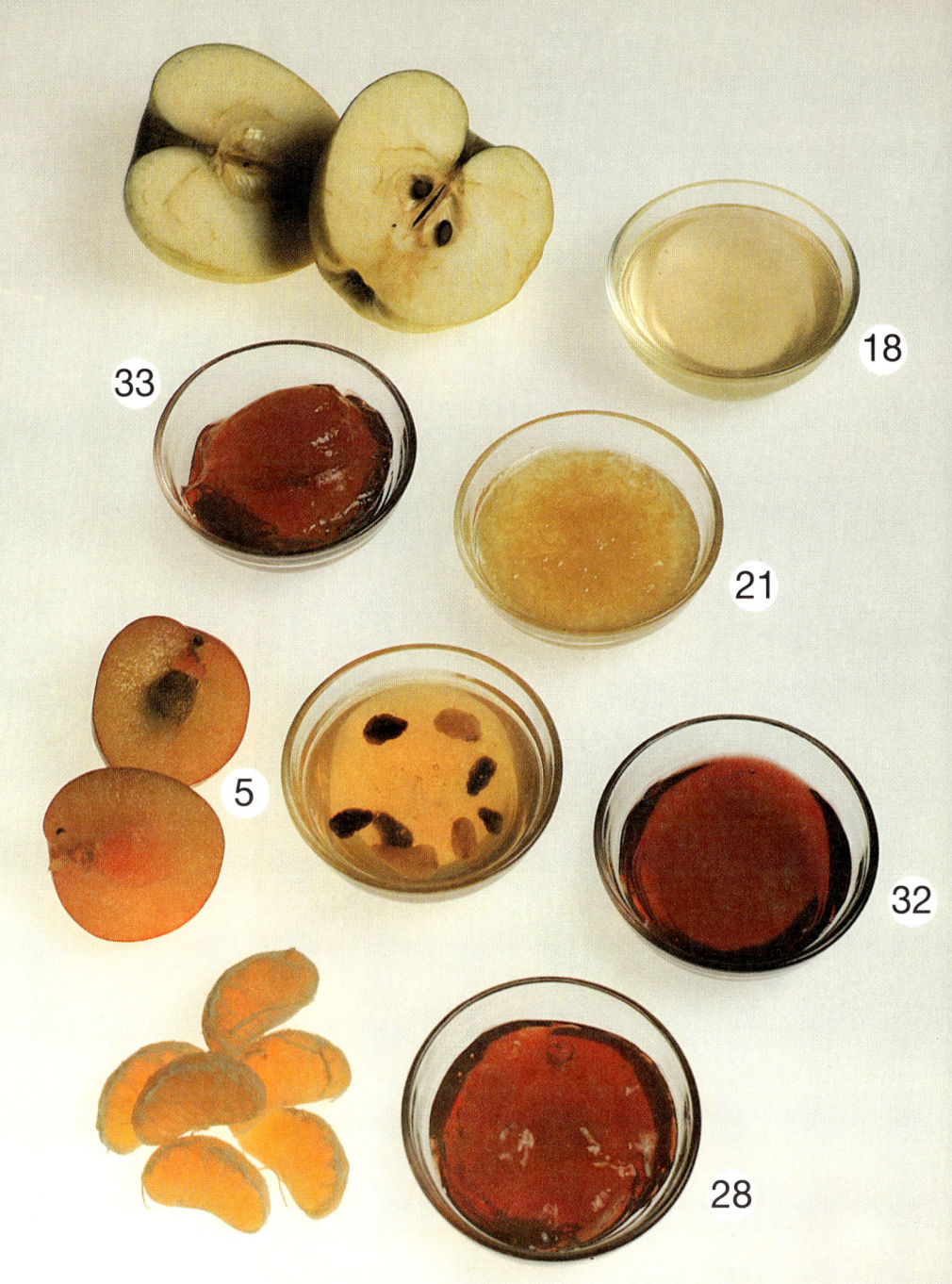

6 Apfel-Holunder-gelee

1/2 l Apfelgelee
1/2 l Holundersaft

1 kg Gelierzucker
100 ml herben Weißwein

2 EL Rum

Grundrezept Apfelgelee

aus dem Dampfentsafter. Rezept von
Seite 70.

alles miteinander vermengen. Sprudelnd
ca. 5 Min. kochen. Gelierprobe machen
(siehe Seite 19).
In heiß ausgespülte Gläser füllen.
Mit
die Gläserdeckel ausspülen. Die Gläser damit sofort verschließen. Auf den Kopf gestellt
auskühlen lassen.

Wichtig: keine größeren Quantitäten auf einmal einkochen.
Holunder geliert sehr schlecht. Eventuell bei einer weiteren Portion
außer dem Gelierzucker noch 20 g Unigel beigeben.

7 Erdbeer-Konfitüre «Großmutter-Art»

Die Erdbeeren (immer nur wenige auf einmal) in ein Löcherbecken geben, sanft überbrausen, um eventuell anhaftende Erde wegzuspülen. Den Stiel entfernen. Kleine Früchte ganz lassen, größere halbieren oder vierteln.

1 kg Erdbeerschnitzel	vermengen mit
500 g Zucker	sorgfältig umrühren, zugedeckt über Nacht an einem kühlen Ort stehen lassen. Die Erdbeeren abseihen. Den Saft 10 Min. sprudelnd kochen. Erdbeeren wieder beigeben. Eine zweite Portion von
500 g Zucker	vermengen mit
1 Geliermittel	
Schale einer halben,	
Saft einer ganzen Zitrone	beigeben. Alles ca. 4 Min. sprudelnd kochen. Gelierprobe machen (siehe Seite 19). Sofort bis zum oberen Rand in heiß ausgespülte Gläser füllen. Die Gläserdeckel mit
2 EL Rum	ausspülen. Die Gläser damit sofort verschließen, auf dem Kopf stehend auskühlen lassen. Etikettieren.

Dieses Rezept ist ein Kompromiß zwischen der traditionellen Einkoch-Art, wo man den Saft bis zur Gelierprobe kochen mußte, die Erdbeeren – zur besseren Erhaltung des Aromas – aber nicht während der ganzen Zeit mitkochen lassen wollte. Man versuche aber nicht, die erste Zuckerportion durch Gelierzucker zu ersetzen. Dann ist es nämlich praktisch unmöglich, den Saft von den Früchten zu trennen.

8 Erdbeer-Rhabarber-Konfitüre «Großmutter-Art»

Erdbeeren sanft überbrausen, Blütenansatz entfernen, evtl. faulige oder Druckstellen wegschneiden, Früchte halbieren oder vierteln.
Rhabarber waschen, evtl. der Länge nach halbieren, in Scheibchen schneiden.

1 kg Rhabarberwürfel	und
300 g Erdbeerstückchen	mit
900 g Zucker	lagenweise in eine Schüssel geben. Über Nacht zugedeckt an einem kühlen Ort stehen lassen. (Man kann die Konfitüre auch ohne diese Ruhepause machen, muß dann jedoch noch 100 ml Wasser dazu geben). Einen Teller ins Tiefkühlfach stellen (für die Gelierprobe s. S. 19). Das Mus bei starker Hitze 20 – 30 Min. kochen. Rühren. Eventuell abschäumen. Gelierprobe machen. Sofort in heiß ausgespülte Gläser abfüllen. Diese verschließen mit Deckeln, die mit
2 EL Rum	ausgespült worden sind. Auf dem Kopf stehend auskühlen lassen.

Variante: Anstelle von Rhabarber 1 kg Nektarinen und Saft von 3 Zitronen nehmen.

32

9 Kalt gerührte Wald-erdbeeren-Konfitüre

(eignet sich auch für Johannisbeeren, Himbeeren, Brombeeren)
Die einzige Möglichkeit, den typischen Walderdbeerengeschmack in den Winter hinüberzuretten, gibt dieses Rezept.
Die Früchte sanft abbrausen, die Kelchblätter abzupfen. Nur kleine Mengen auf einmal verarbeiten.

500 g Walderdbeeren	mit dem Mixstab gründlich zerkleinern oder mit einer Gabel zerdrücken.
500 g Gelierzucker	nach und nach beigeben. Entweder mit dem Mixstab oder mit den Rührflügeln in einer Küchenmaschine 30 Min. auf der höchsten Stufe rühren.
	Achtung: die Maschine muß eventuell zwischendurch zum Auskühlen des Motors abgestellt werden.
	In heiß ausgespülte und wieder abgekühlte Gläser füllen. Die Gläserdeckel mit
2 EL Rum	ausspülen. Die Gläser damit sofort ver-schließen.

Natürlich können auch Gartenerdbeeren oder Preiselbeeren so eingemacht werden.

10 Marmelade aus frischen Feigen

Die Feigen überbrausen, dickschalige Früchte eventuell schälen, dünn-schalige können ungeschält verarbeitet werden. Ganz sorgfältig alle angeschlagenen oder angefaulten Stellen entfernen. Die Früchte vierteln oder achteln.

1 kg Früchte
250 g Zucker
Schale und Saft einer
Zitrone beigeben.

100 g Zucker
1 Geliermittel
(ich nehme Unigel)
2 EL Sherry*)

2 EL Rum

mit
gut vermengen. Über Nacht stehen lassen.

10 Min. kochen.
Mit dem Stabmixer pürieren.
mit
vermengen. Beigeben.
Nochmals 4 Min. sprudelnd kochen.
beigeben. Gut umrühren.
Sofort in heiß ausgespülte Gläser füllen.
Diese verschließen mit Deckeln, die man mit ausgespült hat. Auf dem Kopf stehend auskühlen lassen. Einmal geöffnete Gläser im Kühlschrank aufbewahren. Rasch ver-brauchen.

*) Natürlich kann man den Sherry auch weglassen. Aber Feigen sind ja an sich sehr süß. Der Sherry-Geschmack «bricht» die Süße etwas. Durch die geringe Zuckerbeigabe verdirbt diese Konfitüre sehr rasch. Deshalb ist der (wenn auch geringe) Alkoholzusatz durch den Sherry gleichzeitig auch noch der Konservierung dienlich.

11 Pasteurisierte Hagebutten-Marmelade

Hagebutten pflückt man, sobald sie gut ausgereift, prall und rot sind. Man entfernt Stiel und Fliege, schlitzt sie auf und entfernt die Kerne.

1,5 kg Hagebutten	übergießen mit
1/4 l herbem Weißwein	Mit einem Teller beschwert 10 Tage in den Kühlschrank stellen. Täglich umrühren. Dann mit dem Stabmixer ganz fein pürieren. Püree durch ein Sieb streichen. Abwägen.
Gleichviel Gelierzucker wie Hagebuttenpüree	dazugeben. Gut umrühren. Stehen lassen, bis sich der Zucker aufgelöst hat. Nochmals gut umrühren. In heiß ausgespülte Gläser füllen. Mit
2 EL Rum	die Gläserdeckel ausspülen. Die Gläser damit sofort verschließen. Die Gläser mit einem fingerbreiten Abstand in eine Auflaufform füllen. Diese zur Hälfte mit kaltem Wasser füllen. In den kalten Backofen stellen. Diesen auf 75° C einschalten. Sobald die Aufheizkontrollampe erlöscht ist, 1 Std. auf 75° C sterilisieren. Im Ofen auskühlen lassen.

Die einmal geöffneten Gläser im Kühlschrank aufbewahren. Rasch verbrauchen.

35

12 Himbeer-Marmelade extra fein

(eignet sich auch für Brombeeren und Heidelbeeren)

1 kg Himbeeren allererster Qualität

erlesen. Unter fließendem Wasser kurz abspülen. Die Früchte mit einer Gabel oder dem Stabmixer zerkleinern.

1 kg Gelierzucker
Saft einer Zitrone

beigeben. Auf kleiner Flamme erwärmen (aber nicht kochen!) und gleichzeitig ständig umrühren, bis sich der Zucker aufgelöst hat. In heiß ausgespülte Gläser füllen.
Mit

2 EL Rum

die Gläserdeckel ausspülen. Die Gläser damit sofort verschließen.
Diese mit etwas Abstand in eine Auflaufform stellen. Kaltes Wasser dazu gießen. In den kalten Backofen stellen. Diesen auf 175° C einschalten. Sobald die Aufheizkontrolllampe erloschen ist, 30 Min. bei 175° C sterilisieren. Im Ofen auskühlen lassen.

Die einmal geöffneten Gläser im Kühlschrank aufbewahren. Rasch verbrauchen.

13 Ingwergelee

Die frische Wurzel wird gewaschen, geschält und fein geraffelt (Bircher-raffel). Soll das Gelee als Brotaufstrich dienen, macht man das nachfolgende Rezept mit 100 g Ingwer. Als Fleischbeilage kann man bis zu 200 g Wurzel nehmen. Es wird dann ganz schön scharf!

100 – 200 g frische	
Ingwerwurzel	mit
1/2 l kaltem Wasser	aufsetzen. Auf kleinem Feuer erhitzen. 15 Min. köcheln.
600 ml Orangensaft	
Saft einer Zitrone	beigeben.
700 g Zucker oder	
Vollrohrzucker	mit
1 Geliermittel	
(ich nehme Unigel)	vermengen. Beigeben. 5 Min. sprudelnd kochen. Gelierprobe machen (siehe Seite 19). Sofort in heiß ausgespülte Gläser füllen. Diese sofort mit Deckeln verschließen, die mit
2 EL Rum	ausgespült wurden. Gläser auf dem Kopf stehend auskühlen lassen.

Notizen

38

14 Cassiskonfitüre mit Kirschen

(Cassis = schwarze Johannisbeeren)

Kirschen waschen, entstielen, entsteinen, in 600 g-Portionen abgepackt tiefkühlen. Warten, bis die Cassis reif sind. Cassis waschen, entstielen.

600 g Kirschen	tiefgekühlt in einen Kochtopf geben.
400 g Cassis	
Saft von 2 Zitronen	
800 g Gelierzucker	dazugeben. Aufkochen.
	Sprudelnd 5 Min. kochen. Eventuell ab-
	schäumen. Gelierprobe machen (siehe
	Seite 19).
	Sofort in heiß ausgespülte Gläser füllen.
	Diese sofort verschließen mit Deckeln, die mit
2 EL Rum	ausgespült wurden. Auf dem Kopf stehend
	auskühlen lassen.

Weitere Kombinationsmöglichkeiten:

je 500 g	Brombeeren und Heidelbeeren
	Himbeeren und rote Johannisbeeren
400 g	Cassis und 600 g Brombeeren

Eigene Erfindungen:

39

15 Kastanien-marmelade

gibt viel Arbeit – die sich aber lohnt.

1,5 kg frische Kastanien auf der gewölbten Seite einschneiden.
2 l Wasser zum Kochen bringen,
1 KL Salz beifügen.
Die Kastanien darin 45 Min. kochen.
Das Wasser abschütten, die Kastanien schälen und die braunen Häutchen entfernen. Mit Hilfe eines Suppenlöffels durch ein Haarsieb streichen. Dieses Püree abwiegen. Auf

1 kg Püree
800 g Zucker
Schale einer Zitrone nehmen.
3 EL Wasser dazugeben. Auf kleinem Feuer und ständig rührend 20 Min. köcheln lassen. Eventuell noch etwas Wasser zugeben.

2 EL Rum oder Kirschwasser darunterrühren.
Heiß in heiß ausgespülte Gläser füllen. Mit
2 EL Rum die Gläserdeckel ausspülen. Die Gläser damit sofort verschließen.
Diese dicht an dicht in eine Auflaufform füllen. Kochendes Wasser dazu gießen und 1 Std. im auf 150° C vorgeheizten Backofen sterilisieren.

Die einmal geöffneten Gläser im Kühlschrank aufbewahren.
Rasch verbrauchen.

16 Kornelkirschen-Marmelade

(Tierli-Konfitüre)

Ernte: Den Boden unter dem Strauch mit Tüchern bedecken. Schütteln. Die Tücher in der Mitte falten und die Früchte durch die Faltrinne in einen Korb gleiten lassen. Früchte erlesen. Nur gut durchgereifte verwenden. Waschen, Stielansatz entfernen. Knapp mit Wasser bedeckt aufsetzen. So lange kochen, bis die Früchte geplatzt sind. Auskühlen lassen. Mit beiden Händen die Früchte aneinander reiben, um so das Fruchtfleisch vom Kern zu lösen. Über Nacht stehen lassen.

Fruchtfleisch und Saft abschöpfen. Durch das Passevite (flotte Lotte) treiben. Die verbliebenen Kerne in ein angefeuchtetes Filtriertuch geben. Abtropfen lassen. Saft zum Fruchtfleisch geben.

1 l Saft	vermengen mit dem
Saft einer Zitrone	
1 kg Zucker	vermengen mit
1 Geliermittel	
(ich nehme Unigel)	zum Saft geben.
	Ca. 4 Min. sprudelnd kochen. Gelierprobe machen (siehe Seite 19). Sofort in heiß ausgespülte Gläser füllen. Diese verschließen mit Deckeln, die mit
2 EL Rum	ausgespült wurden. Auf dem Kopf stehend auskühlen lassen.

Variante: Anstelle von reinem Kornelkirschsaft eine beliebige Menge Apfelsaft (siehe Rezept Apfelgelee) dazu nehmen.

17 Kürbis-Konfitüre

Unser Speisekürbis (Sorten «Gelber Zentner» – was schon alles erklärt –, oder «Butternuß») sollte in der Einmachküche einen obersten Ehrenplatz bekommen. Kürbis an sich ist fast geschmacklos – bietet dafür aber umso mehr Möglichkeiten, eine Konfitüre mit *dem* Aroma oder *der* Aromenmischung herzustellen, die man ganz besonders mag. Die Skala geht von Anis und Basilikum bis Zitrone und Zimt. Das Grundrezept ist dabei immer dasselbe:

Man trennt vom reifen Kürbis Schnitze ab. Die Schale wird weggeschnitten, die Kerne entfernt. Das Fruchtfleisch kann man in kleinste Würfelchen schneiden (was eine Heidenarbeit ist, doch sieht die fertige Konfitüre so am schönsten aus) oder man kann es auf einer Raffel (Röstiraffel oder gröberen Raffelscheibe einer Küchenmaschine) reiben.

1 kg Kürbisschnitzel werden in einer Teigschüssel mit
300 – 500 g Zucker oder
Rohzucker oder Birnen-
dicksaft vermischt. Über Nacht zugedeckt stehen lassen. Zum Kochen bringen.
30 Min. köcheln lassen, abkühlen.

500 g Gelierzucker +
1 P. Geliermittel
(ich nehme Unigel) miteinander vermengen. Zum Kürbis geben. Ca. 4 Min. sprudelnd kochen. Nach 2 Min. Kochzeit gibt man bei:

entweder:
Saft und Schale von
2 Zitronen oder
Saft und Schale von
4 Orangen oder
Saft und Schale von
2 Grapefruits.
Man kann aber auch Saft
und Schale von allen drei
Früchten gemischt bei-
geben.

oder:
Saft und Schale von
2 Zitronen und
4 EL ganz fein gehackte
Pfefferminze
oder
Saft und Schale einer
Zitrone und
2 – 4 EL geriebene
Ingwerwurzel
oder
Saft und Schale einer
Zitrone und
2 – 4 EL ganz fein ge-
schnittenem Basilikum.   Am Anfang der Kochzeit gibt man bei:
entweder:
1 Zimtstengel und
3 – 4 Nelken
oder
1 Zimtstengel, 2 Nelken,
1/2 KL Kardamom und
1 KL Koriander
oder
1 KL Anissamen
oder
Saft und Schale einer
Zitrone und
1 aufgeschlitzte Vanille-
schote   Geschmacklich hervorragende Resultate
ergibt auch die Zugabe von natürlichen
Aroma-Ölen, z. B.

Bergamottöl + Orangenöl
Zitronellöl
Rosenöl + Zitronenöl   *nach* der Kochzeit untermengen.
Da die Geschmacksintensität je nach
Fabrikat sehr schwankt, gebe ich hier keine
Mengen an. Es empfiehlt sich, mit ganz
kleinen Tropfmengen zu experimentieren.

Eine weitere Möglichkeit, Kürbiskonfitüre zu
aromatisieren, sind verschiedene Schnäpse
und Liköre, z. B.:

Whisky
Sherry
Madeira
Rum
Cointreau

Auch hier besteht die Möglichkeit, ganz
spezielle Geschmacksvarianten zu erzielen
(evtl. in Kombination mit Gewürzen oder
Gewürzölen). Beigabe auch hier *nach* dem
Kochen. Für alle Varianten gilt: Gelierprobe
machen (siehe Seite 19).
Sofort heiß in heiß ausgespülte Gläser füllen.
Mit
2 EL Rum   die Konfitürendeckel ausspülen, Gläser
sofort verschließen.

Die einmal geöffneten Gläser im Kühlschrank aufbewahren.
Rasch verbrauchen.

18 Löwenzahn-
blütengelee

Soll ich dieses Rezept aufschreiben – oder soll ich nicht? Ich weiß noch, daß meine Eltern deswegen jeweils hitzige Diskussionen führten: Mama wollte möglichst viele Löwenzahnblüten pflücken – und zwar nicht solche vom Straßenbord, wo sie dem Staub ausgesetzt waren – und Papa schalt, weil sie die Heuweisen betreten mußte und das Gras niedertrat. Wenn Papa dann das Gelee aufs Brot strich, war er wieder versöhnt. Machen wir einen Kompromiß?

Man sammelt nur diejenigen Blüten, die am Rande einer Wiese wachsen oder entlang eines Fußweges, der durch eine Wiese führt, aber nicht dort, wo Autos vorbeifahren können.

Und gleich noch ein zweiter Kompromiß: Wir verwenden Gelierzucker.

200 g Blütenblätter von voll aufgeblühtem Löwenzahn	unter fließendem Wasser abspülen, in einen Kochtopf geben.
1 l kaltes Wasser	darübergießen. Zum Kochen bringen. 5 Min. sprudelnd kochen. 24 Std. stehen lassen. Saft absieben.
Saft von 2 Zitronen	dazugeben.
1 kg Gelierzucker	und
1 1/2 Geliermittel (ich nehme Unigel)	daruntermischen. Ca. 4 Min. sprudelnd kochen. Gelierprobe machen (siehe Seite 19). Heiß in heiß ausgespülte Gläser füllen. Wichtig: Gelierprobe! Evtl. 2 – 3 Min. länger kochen. Mit
2 EL Rum	die Konfitürendeckel ausspülen. Die Gläser damit sofort verschließen. Auskühlen lassen. Etikettieren.

19 Bananen-Marmelade mit Orangen

5 Bananen	schälen, in Rädchen schneiden.
Schale von 1 Orange	abreiben,
Saft von 5 Orangen	und
Saft 1 Zitrone	
1 Vanilleschote	der Länge nach aufgeschlitzt zu den Bananen geben.
300 g Zucker	
1 Päckchen Unigel	miteinander vermengen, ebenfalls beigeben. Ca. 3 Min. sprudelnd kochen. Gelierprobe machen (siehe Seite 19). In heiß ausgespülte Gläser füllen. Mit
2 EL Rum	die Gläserdeckel ausspülen. Die Gläser damit sofort verschließen. Auf dem Kopf stehend auskühlen lassen. Etikettieren.

Notizen

47

20 Hollywood-Konfitüre

aus Orangen und Kiwi

1 kg ungespritzte Orangen *kaltem Wasser*	gut waschen, knapp mit bedeckt aufsetzen. Weichkochen (ca. 1/2 Stunde). Die Früchte aus dem Sud nehmen, etwas auskühlen lassen. Mitsamt der Schale in kleine Würfel zerschneiden.
6 Kiwi	waschen, schälen, vierteln, die Viertel in Scheibchen schneiden.
1 kg Zucker *1 Geliermittel* *(ich nehme Unigel)*	vermengen mit Alles zusammen ca. 5 Min. sprudelnd kochen. Gelierprobe machen (siehe Seite 19). In heiß ausgespülte Gläser füllen. Mit
2 EL Rum	die Gläserdeckel ausspülen. Die Gläser damit sofort verschließen. Auf dem Kopf stehend auskühlen lassen. Etikettieren.

Notizen

21 Englische Orangenkonfitüre

(eignet sich auch für Grapefruit)

Von keiner anderen Konfitüre gibt es so unendlich viele Rezepte. Jede Konfitürenköchin hat eines, das vom andern ein bißchen abweicht – hauptsächlich bezüglich der Herstellungsart, um die herum sich förmliche Riten entwickelt haben. Und jede Konfitürenköchin schwört natürlich, *ihr* Rezept sei das einzig echte, wahre – und überhaupt das allerbeste! Das nachstehende stammt aus einem alten englischen Kochlehrbuch. Ich habe es allerdings ein bißchen modernisiert.

1,5 kg ungespritzte Orangen (etwa 9 Stück)	und
500 g ungespritzte Zitronen (etwa 4 Stück)	gut waschen. Die äußere Haut dünn abschälen und fein wiegen. Die weiße Haut möglichst gut entfernen, ebenso die weißen Fäden, die sich zwischen den Schnitzen befinden. Das Fruchtfleisch möglichst fein zerschneiden. Die Kerne (die viel Pektin enthalten) in ein Mullsäckchen binden. Dazulegen.
2 l kaltes Wasser	dazugießen. 2 – 3 Tage an einem kühlen Ort zugedeckt stehen lassen. Dann alles auf kleinem Feuer 1/2 Std. köcheln lassen. Das Kernsäckchen entfernen. Einen Teller für Gelierprobe (siehe Seite 19) ins Tiefkühlfach stellen.
3,5 kg Zucker	zum Fruchtmus geben. Auf kleinem Feuer aufkochen. 30 Min. köcheln lassen. Rühren! Eventuell abschäumen. Gelierprobe machen! Sofort in heiß ausgespülte Gläser abfüllen. Diese mit Deckeln verschließen, die mit
2 EL Rum	ausgespült wurden. Auf dem Kopf stehend auskühlen lassen.

22 Englische Orangenkonfitüre bitter

Wer gerne bittere Orangenkonfitüre mag:
Früchte von Christusdorn kleinschneiden, mit gleichviel Zucker ca. 30 Min. einkochen. Von dieser (grauenhaft bitteren) Konfitüre 3 – 4 Löffel mit dem vorstehend beschriebenen Rezept mitkochen.

Notizen

23 Preiselbeer-
marmelade

Die Beeren erlesen. Es dürfen auch nicht ganz ausgereifte dabei sein.

1 kg Beeren	mit
1 kg Zucker	vermengen. Zugedeckt an einem kühlen Ort über Nacht stehen lassen.
2 – 3 saure Äpfel	waschen, vierteln, Schale und Kerngehäuse entfernen, in Scheibchen schneiden. Zusammen mit dem Beeren-Zuckergemisch 10 Min. kochen. Zugedeckt an einem kühlen Ort über Nacht stehen lassen. Saft durch ein Sieb in einen Kochtopf abgießen. 30 Min. kochen. Die Beeren zugeben. Alles nochmals 2 Min. durchkochen. Gelierprobe machen (siehe Seite 19). Sofort in heiß ausgespülte Gläser abfüllen. Diese sofort verschließen mit Deckeln, die mit
2 EL Rum	ausgespült wurden. Auf dem Kopf stehend auskühlen lassen. Als Beilage zu Wild oder Siedfleisch servieren.

Variante:
600 g Preiselbeeren
200 g Birnen
200 g Karotten
Saft von 2 Zitronen

24/25 Quittenmarmelade/
Quittenmarmelade «Johnnie»

Grundrezept

Die Früchte gut abreiben. Faule und angeschlagene Stellen, Stiel und Fliege entfernen. Die Früchte unzerschnitten dicht an dicht in einen Kochtopf stellen. Knapp mit kaltem Wasser bedecken und weichkochen. Das Kerngehäuse entfernen. Die Kerne in einem Säcklein nochmals knapp mit Wasser bedeckt 10 Min. auskochen. Das Säcklein gut ausdrücken. Den entstandenen Saft zu den Früchten und dem verbliebenen Kochwasser geben. Die Quitten entweder (mitsamt der Schale) mit einem Hackmesser zerkleinern oder alles mit einem Stabmixer pürieren.

Quittenmarmelade «Johnnie»

	Einen Teller für die Gelierprobe ins Kühlfach stellen (siehe S. 19).
1 kg Quittenmus	in einem Kochtopf mit
800 g – 1 kg Zucker	vermengen.
Saft und Schale	
einer Zitrone	
1 Zimtstange	beigeben. Bis zur Gelierprobe kochen (5 – 10 Min.). Evtl. abschäumen.
50 ml guten Whisky	beigeben. Nochmals gut umrühren. Sofort in heiß ausgespülte Gläser füllen. Diese sofort verschließen mit Deckeln, die mit
2 EL Rum	ausgespült worden sind. Auf dem Kopf stehend auskühlen lassen.

Notizen

26 Quittenmarmelade
«Großmutter-Art»

1 Teller für Gelierprobe ins Kühlfach stellen
(siehe S. 19).

1 kg Quittenmus	mit
1 kg Zucker oder	
Rohzucker	vermengen.
Saft und Schale	
einer Zitrone	
1 Vanillestengel	der Länge nach aufschlitzen
5 bittere Mandeln	
(Apotheke)	mit kochendem Wasser übergießen, 5 Min.

mit kochendem Wasser übergießen, 5 Min.
stehen lassen, schälen, ganz fein verhacken.
Alles beigeben. Bis zur Gelierprobe kochen
(dauert je nach Fruchtart 5 – 10 Min.). In heiß
ausgespülte Gläser füllen. Mit

2 EL Rum   die Gläserdeckel ausspülen. Die Gläser
damit sofort verschließen.
Auf dem Kopf stehend auskühlen lassen.

Notizen

54

27 *Quittengelee*

Grundrezept

Die Früchte abreiben, faulige und angeschlagene Stellen, Stiel und Fliege entfernen. Die Früchte vierteln, schälen. Schale und Kerngehäuse brauchen wir für unser Gelee. Die Quittenschnitze werden in Scheiben geschnitten und so entweder tiefgekühlt oder knapp mit Wasser bedeckt für Quittenkompott (siehe Seiten 53/54) beiseite gestellt. Schale und Kerngehäuse werden knapp mit kaltem Wasser bedeckt zum Kochen gebracht und 30 – 40 Min. knapp am Kochen gehalten.

Einen Stuhl mit den Beinen nach oben auf den Küchentisch stellen. Das naß gemachte Filtertuch wird lose über die Beine gelegt und festgebunden. Eine große Schüssel daruntergeben.

Das Fruchtmus in das Tuch gießen. Über Nacht den Saft durchlaufen lassen. Will man klares Gelee, darf man das Tuch nicht ausdrücken.

Ein Großmutter-Tip, damit das Gelee schön rot werden soll, empfiehlt sich nun, dem Saft die Schale eines roten Apfels beizugeben und das ganze ein paar Stunden stehen lassen. Ein zweiter Tip: den nachfolgenden Kochvorgang auf ganz kleinem Feuer und in kleinen Portionen (nicht mehr als 1 l Saft + 1 kg Zucker) vorzunehmen:

1 Teller für Gelierprobe ins Kühlfach stellen (siehe Seite 19).

1 l Quittensaft	mit
1 kg Zucker	vermengen. Langsam zu Geleedicke einkochen (Gelierprobe!) (Kochdauer ca. 10 Min.) Sofort in heiß ausgespülte Gläser füllen. Mit
2 EL Rum	die Gläserdeckel ausspülen. Die Gläser damit sofort verschließen. Auf dem Kopf stehend auskühlen lassen. Etikettieren.

51

42

43

Ratafià (Tessiner Nussli...)

Himbeersirup

Holunderblüten-sirup

52

53

47

28 Quittengelee
extra fein

1 Teller für Gelierprobe ins Kühlfach stellen
(siehe S. 19).

3/4 l Quittensaft	und
1/4 l herben Rotwein	mit
1 kg Zucker	vermengen. Langsam zu Geleedicke einkochen (Gelierprobe!)
	Kochdauer 12 – 15 Min.
	Sofort in heiß ausgespülte Gläser füllen.
	Mit
2 EL Rum	die Gläserdeckel ausspülen. Die Gläser damit sofort verschließen. Auf dem Kopf stehend auskühlen lassen. Etikettieren.

Notizen

29 Roh eingefüllter Rhabarber

(eignet sich auch für rote Johannisbeeren)

Rhabarber waschen, evtl. schälen, in 1 cm große Rädchen schneiden.
Möglichst dicht in ganz saubere, heiß ausgespülte Gläser mit Gummiring und Bügelverschluß füllen. Schütteln, damit die Zwischenräume möglichst klein sind.
Mit frischem Brunnenwasser auffüllen.
Verschließen. An einem dunklen, kühlen und trockenen Ort aufbewahren.

Die Johannisbeeren werden gewaschen und entstielt gleich verarbeitet.
Haltbarkeit ca. 2 Monate.

Notizen

30 Rüeblikonfitüre

Rüebli = Möhren = Karotten = Gelbe Rüben
(eigentlich wäre das – streng genommen – eine Marmelade. Aber im
Schweizerdeutschen macht man diese Unterscheidung nicht).
Die Karotten waschen, von Stengel und Wurzelansatz befreien, schälen,
eventuell faulige Stellen wegschneiden. Auf einer Bircherraffel oder mit
der feinsten Raffel der Küchenmaschine zerkleinern.

Schale einer Zitrone	abreiben. Mit
1 EL Zucker	vermengen (damit das Aroma erhalten bleibt). Beiseite stellen.
3 – 4 Zitronen	auspressen.
1 kg Karottenschnitzel	in einen Kochtopf geben, den Zitronensaft beifügen. Ständig rührend 20 Min. kochen. Zitronenschale beigeben.
800 g – 1 kg Zucker oder Vollrohzucker oder Birnendicksaft	
1 Geliermittel	beigeben, vermengt mit Ca. 4 Min. sprudelnd kochen. Gelierprobe machen (siehe Seite 19). Sofort in heiß ausgespülte Gläser füllen. Die Gläserdeckel mit ausspülen. Die Gläser damit sofort verschließen, auf dem Kopf stehend auskühlen lassen. Etikettieren.

Vorsicht: Falls man nur 800 g Zucker oder Vollrohzucker verwendet,
ist die Konfitüre schimmelanfällig.
Variante: Nach Beendigung des Kochvorgangs noch 2 EL Cognac
beigeben. Gut umrühren.

31 Tomaten-Marmelade «La vera marmellata del Monte Valdo»

Grüne Tomaten (sie müssen wirklich noch ganz grün sein, sonst verlängert sich die Kochzeit ins Unendliche!) waschen, Stiel und den etwas vertieften Stielansatz wegschneiden. Die Tomaten vierteln oder achteln. Abwägen.

1 kg Zucker	mittelbraun karamelisieren.
1 kg Tomaten	beigeben. Rühren, bis sich Tomaten und Zucker gut vermengt haben. Vorsicht: am Anfang spritzt der Zucker. Also möglichst langen, hölzernen Rührlöffel benutzen. 2 Std. köcheln lassen, dabei gelegentlich umrühren.
1 Zitrone	mitsamt der Schale in feine Würfel schneiden. Beigeben.
2 Gewürznelken	beigeben. 30 Min. köcheln lassen. Gelierprobe (siehe Seite 19) machen, evtl. noch länger köcheln.

Der Wassergehalt kann bei Tomaten sehr schwanken. Deshalb ist es unmöglich, eine genaue Kochzeit anzugeben. Im Gegensatz zu anderen Konfitüren schmeckt diese noch besser, wenn sie möglichst lange gelagert wird.
Um diese Konfitüre ranken sich bei mir viele Geschichten. Angefangen bei derjenigen, wie ich dieses Rezept überhaupt bekam (siehe mein Erstlingsbuch «Kleine Welt im Tessin»), fortgefahren mit meiner Pflegetochter Fränzi, die für unseren damals ganz neu eröffneten Laden solche Konfitüre einkochte und ich dann im Laufe der Zeit etliche Anfragen – erboste und belustigte – bekam, wie, bitte, man die steinharte (weil viel zu lange gekochte) Konfitüre wieder aus dem Glas heraus bekommen könne. Es stellte sich heraus, daß Fränzi nicht wußte, was eine «Gelierprobe» ist.

32 Weingelee

750 ml aromatischer Wein
(z. B. Gewürztraminer)
Saft von 4 Zitronen   miteinander aufkochen.
1 kg Zucker   mit
2 Geliermittel
(ich nehme 60 g Unigel)   vermengen. Zum Wein geben.
Ca. 4 Min. sprudelnd kochen. Gelierprobe
machen (siehe Seite 19).
Sofort in heiß ausgespülte Gläser abfüllen.
Diese sofort verschließen mit Deckeln, die mit
2 EL Rum   ausgespült wurden.
Auf dem Kopf stehend auskühlen lassen.

Notizen

62

33 Tessiner Traubengelee

Trauben (Tessiner)

schmeckt am apartesten mit Tessiner Trauben (Americano).
Es eignen sich aber alle Wein- und Tafeltraubensorten dafür.

1,5 kg Trauben	waschen, entstielen, auspressen oder im Dampfentsafter entsaften. Abmessen.
1 l Traubensaft	
Saft einer Zitrone	in einen Kochtopf geben. Aufkochen.
800 g Zucker	vermengen mit
2 Geliermittel	
(ich nehme 60 g Unigel)	Beigeben. Alles ca. 4 Min. sprudelnd kochen. Gelierprobe machen (siehe Seite 19).
1 Msp. Muskatblüte	beigeben. Gut umrühren. Abfüllen siehe Rezept Seite 62.

Notizen

34 Traubengelee, amerikanische Art

Die Trauben waschen, entstielen.
Falläpfel waschen, vierteln, Stiel und Fliege entfernen. Fauliges großzügig wegschneiden. Schale und Kerngehäuse belassen.

1 kg Trauben	von Hand oder mit einem Kartoffelstößel zerquetschen. In einen Kochtopf geben.
1/4 l trockenen Weißwein	beigeben. 20 – 30 Min. köcheln.
600 g Apfelschnitze	
1 Msp. Kardamom	beigeben.
1 Zitrone mit der Schale	waschen, vierteln, in feine Scheibchen schneiden. Beigeben. 20 Min. köcheln. Rühren!
	Den Fruchtbrei in ein angefeuchtetes Filtertuch geben. Über Nacht abtropfen lassen. Saft abmessen. 1 Teller für Gelierprobe in den Tiefkühler stellen. Auf
600 ml Saft	nimmt man
450 g Zucker	und erhitzt bis zum Siedepunkt. Umrühren, bis sich der Zucker aufgelöst hat. Dann bei starker Hitze ohne Umrühren 30 Min. kochen. Evtl. abschäumen. Gelierprobe machen (siehe Seite 19). Abfüllen wie gewöhnliches Weingelee (siehe Seite 62).

Notizen

64

35 Weihnachts-marmelade

Entweder gewaschene, entstielte, entsteinte Kirschen oder gewaschene, entzweigeschnittene, entkernte Zwetschgen oder Pflaumen verwenden.

1 kg Früchte	mit
500 g Zucker	vermengt über Nacht stehen lassen.
Saft und Schale von	
2 Zitronen	
1/2 KL Zimtpulver	
1 Msp. Nelkenpulver*)	beigeben. 10 Min. kochen.
	Mit dem Stabmixer pürieren.
250 g Zucker	mit
1 Geliermittel	
(ich nehme 30 g Unigel)	vermengen. Beigeben. Alles aufkochen.
	Ca. 3 Min. sprudelnd kochen. Gelierprobe
	machen (siehe Seite 19).
	Sofort in heiß ausgespülte Gläser abfüllen.
	Diese verschließen mit Deckeln, die mit
2 EL Rum	ausgespült wurden. Auf dem Kopf stehend
	auskühlen lassen.

Zum Verschenken ein Tannenzweiglein dazu binden.
Variante: 1 Säcklein Glühweingewürz, zum Mitkochen in die Konfitüre gehängt und nachher wieder entfernt, ergibt ungefähr denselben «weihnachtlichen» Geschmack.

36 Marmelade aus Dörrobst

mit wenig oder keinem Zucker

Die Früchte waschen, Kirschen entstielen, entkernen, (Aprikosen, Zwetschgen, Pflaumen halbieren, entsteinen). Auf einem Kuchenblech ausbreiten. Je nach Größe der Früchte bei 50° C im Backofen 6 – 24 Stunden trocknen. (Kochlöffel in die Backofentüre klemmen, damit diese etwas offen bleibt und der Dampf entweicht). An einem trockenen, luftigen Ort in Stoffsäckchen aufbewahren.
Jeweils nur soviel Dörrfrüchte zu Marmelade verarbeiten, wie in einer Woche verbraucht wird. Dazu das Obst über Nacht, mit kaltem Wasser knapp bedeckt, einweichen. Obst mitsamt dem Einweichwasser mit dem Stabmixer pürieren, eventuell etwas Gelierzucker oder Honig beigeben. Die Marmelade in ein Schraubglas füllen. Im Kühlschrank aufbewahren. Natürlich lassen sich auch gemischte Dörrfrüchte auf diese Art verarbeiten.

Notizen

37 Konfitüren mit wenig Zucker und Agar-Agar oder Unigel

Viele exotische Früchte sind sehr süß. Zum Vorteil für uns sind die meisten im Winter – wenn unsere Sommer-Konfitüren zur Neige gehen – am billigsten. Da wir unser Eingekochtes nun nicht mehr so lange lagern müssen, können wir den Zuckeranteil von Konfitüren aus Winterfrüchten ganz erheblich beschränken. Agar-Agar als Geliermittel (siehe auch Seite 19) schmeckt ein bißchen nach Apotheke. Ich verwende es deshalb nur zusammen mit Früchten, die sehr viel Eigengeschmack haben. Für die andern nehme ich Unigel.

Das *Grundrezept* ist in etwa immer dasselbe:
1 kg gewaschene, sauber geputzte Früchte einer oder mehrerer Sorten fein schneiden oder mit dem Mixstab zu Püree verarbeiten.

500 g Zucker oder *Vollzucker*	dazumengen. 8 Min. sprudelnd kochen. Rühren!
8 g Agar-Agar *(2 gestr. KL) oder* *30 g Unigel* *Saft einer Zitrone*	mit dem verrühren. Die heiß ausgespülten Gläser bereitstellen. Den Geliermittel-Zitronenbrei in die kochende Marmelade geben. Gut durchrühren. Einmal aufkochen. Sofort in die Gläser füllen. Diese mit
2 EL Rum	ausgespülten Deckeln verschließen. Auf dem Kopf stehend auskühlen lassen. Wichtig: Gläser nicht bewegen, bis sie ausgekühlt sind!

Notizen

38 Konfitüren und Marmeladen aus Winter- und Südfrüchten

gemäß Grundrezept von vorstehender Seite

Birnen und Kiwi beides kleingeschnitten.

Sharonfrüchte und
Bananen kleingeschnitten oder gemixt, evtl. gewürzt mit Vanille.

Ananas und Bananen kleingeschnitten, etwas Wasser zugeben.

Ananas und Kiwi kleingeschnitten, etwas Wasser zugeben. Evtl. gewürzt mit einigen in Rädchen geschnittenen Kumquats. Kochzeit 20 Minuten.

Äpfel und Limetten
mit Schale kleingeschnitten. Kochzeit 30 Min., evtl. gewürzt mit 2 Nelken.

Eigene Kombinationen:

39 Blitzrezept für Gelees

(läßt sich mit allen Fruchtsäften machen)

400 ml Blutorangensaft	in einen Kochtopf geben.
Schale einer Zitrone	mit dem Sparschäler abschälen, beigeben.
Saft einer Zitrone	beigeben.
350 g Zucker oder	
Rohzucker	vermengen mit
1 Geliermittel	
(ich nehme 30 g Unigel)	beigeben. Alles ca. 4 Min. sprudelnd kochen.
	Evtl. abschäumen. Gelierprobe machen
	(siehe Seite 19).
	Zitronenschale entfernen.
	Sofort in heiß ausgespülte Gläser füllen.
	Diese sofort verschließen mit Deckeln, die mit
2 EL Rum	ausgespült wurden.
	Auf dem Kopf stehend auskühlen lassen.

Blitzrezept für Weingelee:
siehe Seite 63, Traubengelee

40 Frucht- und Beerensaft ohne Zuckerzugabe einkochen

Außer Erdbeeren und Melonen (deren Saft dann praktisch keinen Geschmack mehr hat), lassen sich praktisch alle Beeren- und Obstarten so zu Saft verarbeiten.

Holunder- und Johannisbeeren müssen nicht entstielt werden. Bei Fallobst genügt es, es in Stücke zu zerschneiden. Auch Kerngehäuse und Schale können mitverarbeitet werden. Falls man Fruchtsaft-Mischungen machen will (z. B. Holunder und Äpfel), verarbeitet man die Früchte schon miteinander. Den Untersatz des Dampfentsafters mit Wasser, den Einsatz mit den gewaschenen, eventuell zerkleinerten Früchten füllen. Das Schlauch-Ende mit der mitgelieferten Klemme gut schließen. Vorsichtshalber eine Schüssel darunterstellen. Das Wasser im Entsafter so lange kochen lassen, bis das Schauglas im Entsafter-Schlauch dieselbe Farbe hat wie die entsprechende Frucht (dauert 1 1/2 – 2 Stunden). Wasserstand des Untersatzes kontrollieren!

Saubere Flaschen mit ganz heißem Wasser ausspülen. Den aus dem Entsafter ausfließenden Saft direkt in die Flaschen laufen lassen. Diese mit Bügelverschluß oder Gummikappen sofort verschließen.

Notizen

41 Beerensirup

Man kann hierzu Erdbeeren, Himbeeren, rote und schwarze Johannisbeeren, Brombeeren, Holunderbeeren, Heidelbeeren oder gemischte
Beeren verwenden.

1 kg Beeren	in einen Kochtopf geben.
1 l kaltes Wasser	dazuschütten. Zugedeckt aufkochen. 5 Min. köcheln lassen, dann abkühlen. Durch ein angefeuchtetes Filtertuch geben. Über Nacht stehen lassen. Wer Wert auf klaren Sirup legt, darf das Filtertuch nicht ausdrücken. Den Saft abmessen.
1 l Saft	mit
500 g Zucker	vermischen. Rühren, bis der Zucker zergangen ist. Aufkochen, abschäumen, 3 Min. sprudelnd kochen. In ganz saubere, mit heißem Wasser aus-gespülte Flaschen geben (Bügel- oder Kork-verschluß) und sofort verschließen. Mit kaltem Wasser oder Mineralwasser auf-gegossen, ein durststillendes Getränk. Skiwasser macht man, indem man Himbeer-sirup mit heißem Wasser aufgießt und mit
1 EL Kirschwasser	verfeinert.

Notizen

42 Beerensirup auf nordische Art

Man kann hierzu Erdbeeren, Himbeeren, rote und schwarze Johannisbeeren, Brombeeren, Heidelbeeren oder Preiselbeeren oder gemischte Beeren verwenden.

1,5 kg Beeren	in eine Schüssel geben. Mit einer Gabel zerdrücken.
20 g Weinsteinsäure (Apotheke) in 1 l kaltem Wasser	auflösen. Über die Beeren geben. 24 Std. stehen lassen. Durch ein angefeuchtetes Filtertuch geben. Über Nacht stehen lassen. Den Saft abmessen.
1 l Saft	mit
1 kg Zucker	vermengen. An einem kühlen Ort 24 Std. zugedeckt stehen lassen. Oft umrühren. Der Zucker muß vollkommen zergehen. Den Sirup vorsichtig in einen ganz sauberen Krug umschütten. Den Bodensatz sofort als Sirup verbrauchen. Den klaren Sirup in ganz saubere, mit heißem Wasser ausgespülte Flaschen geben. Mit einem Mulltuch zubinden. In den Keller stellen. Nach 4 Wochen – wenn eventuell eine Nachgärung stattgefunden hat – den Sirup nochmals filtern und in saubere Flaschen mit Bügel- oder Korkverschluß abfüllen.

Notizen

72

43 Holunderblüten-
sirup

7 Holunderblütendolden

10 Min. in leicht gesalzenes Wasser legen, abbrausen, in eine Schüssel geben.

1,5 l kaltes Wasser

darüberschütten. Zugedeckt an einem warmen Ort 2 Tage lang stehen lassen. Abseihen. Mit

2 kg Zucker
30 g Zitronensäure
(Apotheke)

aufkochen. Evtl. abschäumen. Mit

vermengen.
Sofort in ganz saubere, heiß ausgespülte Flaschen mit Bügel- oder Korkverschluß geben. Sofort verschließen.
Mit kaltem oder heißem Wasser aufgießen für ein durststillendes Getränk.
Ein ganz aparter Drink entsteht, wenn man die Sirup/Wasser-Mischung noch mit

1 EL Gin

verfeinert.

Angebrochene Flaschen im Kühlschrank aufbewahren und binnen einer Woche verbrauchen.

44 Heiß eingefülltes Kompott

Ich erinnere mich – das war im Zweiten Weltkrieg – wie zaghaft meine Mutter daran ging, Früchte als Kompott heiß einzufüllen. Mit ganz wenig Zucker. Ob das wohl haltbar war? Es war. Und heute ist diese Methode wieder modern. Nicht, weil wir zu wenig Zucker hätten, sondern weil wir eingesehen haben, daß wenig Zucker gesünder ist. Zudem haben wir heute Geliermittel zur Hand, die ja nicht nur binden, sondern auch konservieren.
Nachstehend zwei Grundrezepte:

a) mit Zucker

1 l Wasser	
Saft einer Zitrone	
100 g Zucker	miteinander vermengen, aufkochen.
1,5 kg Früchte	gewaschen, evtl. geschält, evtl. halbiert, entkernt, beigeben. Halbweich kochen. Die Kochzeit variiert je nach Fruchtart und -größe. Die Früchte mit einer Schaumkelle sorgfältig in ganz heiße Gläser schichten. Den Sud nochmals aufkochen und kochend sofort über die Früchte geben. Die Gläser sofort verschließen mit Deckeln, die mit
2 EL Rum	ausgespült wurden. Gläser auf dem Kopf stehend auskühlen lassen.

Notizen

b) mit künstlichem Süßstoff

1 l Wasser	
Saft einer Zitrone	
25 g Assugrin Pulver	miteinander vermengen, aufkochen.
1,5 kg Früchte	gewaschen, evtl. geschält, evtl. halbiert, entkernt beigeben. Halbweich kochen. Die Kochzeit variiert je nach Fruchtart und -größe.
	Die Früchte mit einer Schaumkelle sorgfältig in ganz heiße Gläser schichten.
20 g Unigel	mit etwas Zitronensaft verrühren. Dem Sud beigeben. Diesen nochmals aufkochen, kochend über die Früchte geben.
	Die Gläser sofort verschließen mit Deckeln, die mit
2 EL Rum	ausgespült wurden. Gläser auf dem Kopf stehend auskühlen lassen.

Notizen

45 Honigfrüchte

Hierzu braucht es Früchte erster Qualität, z. B. kleine Pflaumen, Mirabellen, Reineclauden, aber auch Kumquats, Orangen- oder Mandarinenschnitten.

Man überbraust sie, legt sie auf ein ganz sauberes Küchentuch und läßt sie an einem luftigen Ort gut trocknen. Dann schichtet man sie in heiß ausgespülte Gläser, gibt je nach Glasgröße einige Gewürznelken und etwas Stangenzimt bei. Im Wasserbad wird Honig langsam erhitzt. Man übergießt die Früchte damit und verschließt die Gläser mit Deckeln, die man vorher mit Rum ausgespült hat. Die Gläser kräftig schütteln, eventuell mehr Honig nachfüllen, denn es darf sich keine Luft mehr darin befinden. Während 10 Tagen jeden Tag umdrehen.

An Weihnachten sind die Früchte zum Genuß (oder zum Verschenken) reif. Sollte der Honig kandieren, das Glas einige Tage an einen warmen Ort stellen.

Notizen

76

46 Sterilisieren von Früchten für Kompott

Aprikosen, Zwetschgen, Pflaumen, Pfirsiche, Nektarinen waschen, entzweischneiden, entsteinen, in einen Kochtopf geben. Knapp mit Wasser bedecken. Dieses Wasser in ein Meßglas zurückschütten. Auf

1 l Wasser	gibt man
300 g Zucker	und gießt alles über die Früchte. Auf kleinem Feuer knapp weichkochen.
	Die Früchte mit einer Schöpfkelle aus dem Saft nehmen, in heiß ausgespülte Gläser schichten.
	Den Saft sprudelnd aufkochen, über die Früchte geben. Die Gläserdeckel mit
2 EL Rum	ausspülen. Die Gläser damit sofort verschließen.
	Backofen auf 175° C vorheizen.
	Die Gläser mit einem fingerbreiten Abstand in eine Auflaufform stellen. Diese zur Hälfte mit heißem Wasser füllen. In den Backofen stellen und 30 Min. sterilisieren. Im Backofen auskühlen lassen. Etikettieren. Dunkel, kühl und trocken aufbewahren.

Kirschen: gleich vorgehen, Früchte jedoch nicht entsteinen. Der Geschmack ist wesentlich besser.
Äpfel, Birnen und Quitten: gleich vorgehen, Früchte schälen und vierteln. Kerngehäuse entfernen.

47 Biblisches Kernobstkompott

Die Früchte (Äpfel, Birnen oder Quitten) waschen, vierteln, Schale und Kerngehäuse entfernen, die Schnitze in Scheibchen schneiden, abwiegen. Auf 1 kg Obstschnitzel nimmt man

Saft und Schale
einer Zitrone.

50 g Mandeln — diese werden mit kochendem Wasser überbrüht, 5 Min. stehen gelassen, geschält und grob gehackt.

1,2 l Wasser — und

360 g Honig — aufkochen, die Früchte und die Mandeln dazugeben. Äpfel und Birnen 3 Min., Quitten 15 Min. köcheln lassen.
In heiß ausgespülte Gläser mit Schraubverschluß oder in Gläser mit Gummiring einfüllen. Die Deckel mit

2 EL Rum — ausspülen. Gläser verschließen. Backofen auf 175° C vorheizen.
Die Gläser mit einem Fingerbreit Abstand in eine Auflaufform stellen. Diese zur Hälfte mit heißem Wasser füllen. In den Backofen stellen und 30 Min. auf 175° C sterilisieren. Im Backofen auskühlen lassen.
Etikettieren. Dunkel, kühl und trocken aufbewahren.

Warm oder kalt zu Vanilleglace servieren. Mit etwas Schlagrahm verzieren.
Auch wer kein Kompott-Liebhaber ist: für einen solchen Leckerbissen kann man seine Vorurteile für einmal ruhig über Bord werfen.

Vorschläge für Geschenkverpackungen →

48 Aprikosen-, Pflaumen- oder Pfirsichlikör

250 g Aprikosen

waschen, halbieren. In einen Kochtopf geben. Die Steine zurückbehalten!

1/2 KL Piment
250 g Zucker
1/2 l trockenen Weißwein

zu den Aprikosen geben. Auf kleinem Feuer zum Kochen bringen. Rühren. Köcheln lassen, bis sich der Zucker ganz aufgelöst hat. Evtl. abschäumen. In eine weithalsige Flasche mit Deckel (Milchflasche) füllen. Die Steine aufknacken. Die Kerne vom Häutchen befreien, grob hacken, zu den Früchten geben.

350 ml Gin

beifügen. Die Flasche verschließen. An einem kühlen Ort 1 Woche ziehen lassen. Den Likör durch ein angefeuchtetes Filtertuch geben. Dieses gut ausdrücken. In heiß ausgespülte Flaschen mit Bügel- oder Korkverschluß geben. Mindestens 6 Wochen lagern.
Variante: Trockenfrüchte nehmen. Vor dem Verschließen

3 Tropfen Bittermandelöl

beigeben.

Notizen

49 Cassis-, Brombeer- oder Kirschenlikör

500 g Cassis	oder
500 g Brombeeren	erlesen, überbrausen oder
500 g Kirschen	waschen, entstielen (*nicht* auskernen), in einen Kochtopf geben.
100 ml kaltes Wasser	und
200 g Kandiszucker	dazugeben. Aufkochen. Rühren, bis sich der Zucker aufgelöst hat. Eventuell abschäumen.
2 Msp. Muskatnuß	gerieben und
8 Gewürznelken	dazugeben.
	15 Min. köcheln lassen. Auskühlen lassen. In eine weithalsige, ganz saubere Flasche (z. B. Milchflasche mit Deckel) geben.
250 ml Brandy	dazugießen. Flasche verschließen. An einem warmen Ort 3 Tage durchziehen lassen. Durch ein angefeuchtetes Filtriertuch seihen. Dieses gut ausdrücken. In ganz saubere, heiß ausgespülte Flaschen mit Kork- oder Bügelverschluß geben. Verschließen. Mindestens 2 Monate, besser länger, lagern.

Notizen

50 Ingwer-Likör

50 g frische
Ingwer-Wurzel — mitsamt der Schale fein raffeln. In eine
breithalsige 1 l-Flasche geben.

0,3 l Grappa oder Brandy — dazugeben. Schließen.
An einem möglichst warmen Platz 10 Tage
stehen lassen. Täglich gut durchschütteln.
Durch ein angefeuchtetes Gazetuch seihen.
Den Ingwer-Rückstand mit

200 g Honig — und
100 ml Wasser — gut durchkochen. Zugedeckt auskühlen
lassen. Wieder abseihen. Den Sud mit dem
Alkohol vermengen. Gut schütteln.
Vor Gebrauch mindestens 8 Wochen lagern.
Evtl. nochmals abseihen.

Variante:
Anstelle von Honig und 100 ml Wasser

150 g Kandiszucker — und
150 ml Wasser — gut durchkochen. Den Ingwer beigeben.
Aufkochen. Wieder abseihen.

Notizen

51 Likör aus grünen Wal-(Baum)nüssen

(Ratafià)

20 große oder
30 kleine grüne Walnüsse

wie sie um den Johannistag (24. Juni) vom Baum fallen, waschen, entzweischneiden oder vierteln. Wenn es nicht genau der Johannistag ist: man kann die Nüsse für Ratafià verwenden, solange die braune Schale noch nicht hart und holzig geworden ist. In eine 1 l-Flasche geben.

8 Gewürznelken
2 Zimtstangen
Schale einer Zitrone
900 ml Grappa

dazugeben. Die Flasche mit auffüllen. Gut verschließen. 3 – 4 Wochen an die Sonne stellen. Täglich gut schütteln. Durch ein angefeuchtetes Filtriertuch in eine große Schüssel abseihen.

400 g Zucker
200 ml Wasser

mit
zum Kochen bringen. Klar kochen, evtl. abschäumen. Abkühlen. Mit dem Likör vermengen. In ganz saubere, heiß ausgespülte, dunkle Flaschen füllen. Gut verschließen. Bis Weihnachten lagern.

Notizen

52 Für Schleckmäuler

Ananas: Eine frische Ananas schälen, in 1 cm dicke Scheiben schneiden. Den holzigen Strunk mit einem Rundschnitt heraustrennen, die Scheiben vierteln. Abwägen.

Kirschen: Die Früchte waschen, entstielen, entsteinen. Abwägen.

Zitrusschnitze: Schöne Orangen-, Grapefruit- oder Zitronenschnitze von allen anhaftenden weißen Fäden befreien. Abwägen.

Die zu kandierenden Früchte auf ein Gitter (z. B. Einsatz des Dampfkochtopfs) legen und **über** kochendem Wasser 5 Min. dämpfen. Den Kochtopf nicht zudecken.

Die Früchte auf eine Platte legen und mittels eines Siebes eine gleichmäßige, dünne Schicht Puderzucker darüberstreuen. Den Zucker einziehen lassen, die Früchte umdrehen, auch die andere Seite bestäuben. Über Nacht stehen lassen.

Diesen Vorgang so lange wiederholen, bis der Zucker aufgebraucht ist.

Auf

500 g Früchte   rechnet man mit
500 g Puderzucker.

Die Früchte gut trocknen lassen, dann in einem gut verschließbaren Glas aufbewahren.

Kastanien (Marrons glacés): Warnung: Nicht umsonst ist diese (wunderbare!) Schleckerei so teuer. Auch wenn ich noch so sorgfältig arbeite: mindestens die Hälfte der Früchte zerbricht im Laufe des zeitraubenden Arbeitsvorgangs. Wer sich trotzdem daran wagen will:

Ganz schöne Kastanien auf der gewölbten Seite einschneiden, in kochendes Wasser geben und 40 Min. leise köcheln lassen, schälen, die braunen Häutchen entfernen. Nur die ganzen Früchte wägen. Arbeitsvorgang siehe nächstes Rezept. Ich rechne für

300 g Kastanien   mit
375 g Zucker   und
4 EL Wasser
1 Vanilleschote   der Länge nach aufschlitzen, die Kerne zum
                             Sirup geben.

53 Orangeat und Zitronat

Die Schale von (möglichst dünnschaligen) ungespritzten Orangen oder Zitronen oder Limetten mit einem Sparschäler abschälen. Will man dies im Laufe einiger Tage tun, so legt man die Schalen jeweils sofort in kaltes Wasser, damit sie nicht austrocknen. 12 – 15 Früchte ergeben ca. 500 g Schalen.

Man gibt sie in kochendes Wasser und läßt sie 30 Min. köcheln. Abwägen. In eine Schüssel legen.

Für
500 g Zitrusschale
350 g Zucker   und
5 EL Wasser   aufkochen. Köcheln lassen, bis sich der
Zucker ganz aufgelöst hat. Diesen Sirup über die Schalen gießen. Gut umrühren, damit die Schalen allseitig mit dem Sirup durchtränkt sind. Mit einem Teller beschwert über Nacht stehen lassen.

Die Schalen abseihen, den Zuckersirup in den Kochtopf geben. Nochmals
50 g Zucker   beifügen. Kochen, bis sich dieser ganz aufgelöst hat. Den Sirup wieder über die Schalen gießen.

Falls am dritten Tag noch Sirup übrig ist, diesen nochmals aufkochen und wieder über die Schalen geben.

Die feuchten Schalen auf ein Kuchenblech legen und einige Tage trocknen lassen. In einem gut verschließbaren Konfitürenglas aufbewahren.

Notizen

In der gleichen Buchreihe:

Kathrin Rüegg's Brotbackstube, Band 1
Kathrin Rüegg's Guetzlibäckerei, Band 2
Weitere Bände in Vorbereitung!

Weitere Werke von Kathrin Rüegg:

Tessiner Tagebücher: Kleine Welt im Tessin, Band 1
Dies ist mein Tal – dies ist mein Dorf, Band 2
Mit herzlichen Tessiner Grüßen, Band 3
Nach jedem Winter kommt ein Sommer, Band 4
Von Lämmern und Leuten in Froda, Band 5
Großer Stall – kleines Haus, Band 6
Ein Dach überm Kopf, Band 8
Vom Morgen bis zum Abend, Band 10
Begegnungen, Band 11

Bild-Tagebücher: Mit meinen Augen, Band 7
Lauter schöne Jahreszeiten, Band 9
Kein Tag wie der andere, Band 12

Großmutter-Bände: Was die Großmutter noch wußte, Band 1
Als die Großmutter noch jung war, Band 2
Vom Apfel bis zur Zwiebel, Band 3
Essen wie damals, Band 4